시간의 만화경

이영신 시집

시인의 말

엘리펀트 섬에 사는 초록빛 남극 이끼의 나이는 5,500살,
말할 수 없는 모진 풍파를 건더낸 것이다.

우리의 삶은 잘해봐야 100여 살,
예사롭지 않은 봄을 맞이하고 보내는 것이 두 해째이다.
여전히 봄꽃이 흐드러지고 새잎들이 돋아나는 것을 보면
실은 이런 게 다 예사로운 것이리라.

늘 그렇게 시간 속에 서 있다.
오늘 지금 무엇을 할 것인가?
찰랑거리는 햇살과 눈 부신 잎들이 다 고마울 뿐이다.

2021년 봄

이영신

차 례

● 시인의 말

제1부

만화경萬華鏡 ──── 10
민들레의 인사법 ──── 11
그만 눈 좀 떠 보거라! ──── 12
불청객 ──── 13
다시 불청객 ──── 14
영산암靈山庵 ──── 15
저 달이 다리를 건너가네 ──── 16
까마귀 잔칫날 ──── 17
연인, 르네 마그리트를 듣는다 ──── 18
착시錯視 ──── 19
봄밤 ──── 20
저물녘, 꽃소식 ──── 21
월명에게 안녕을 ──── 22
매화 향, 만파식적萬波息笛 ──── 23
사랑의 종말 ──── 24
산유화 ──── 26
원효, 꾸중을 듣다 ──── 27

우렁각시 ──── 28
카사블랑카 커피 ──── 30

제2부

핀란드 사람 펜티 사말라리 ──── 32
셰어하우스 ──── 33
지음知音 ──── 34
손잡아다오 ──── 35
무지개다리 건너 ──── 36
쌔근쌔근 잘 자거라 ──── 37
피오르 백야白夜 ──── 38
트롤하우겐, 그리그의 집 ──── 40
봄바람 새 ──── 41
피붙이 살붙이 ──── 42
밥때 마수걸이 ──── 44
밤 소풍 ──── 46
팔당 칼제비 집 ──── 48
어떤 노숙자 ──── 49

나잇값 ——— 50
떠돌이별 ——— 51
피로연 ——— 52
햇빛은 쨍쨍, 빗님은 주룩주룩 ——— 53
환절기 ——— 54
토닥토닥 ——— 56

제3부

제갈량의 공성계空城計 ——— 58
증점과 함께 하고 싶어라 ——— 59
바위틈 홀로 피어난 꽃 ——— 60
두자미杜子美, 송수松樹 ——— 62
두자미杜子美, 오십보백보五十步百步 ——— 63
두자미杜子美, 백우百憂 ——— 64
두자미杜子美, 백발白髮 ——— 66
두자미杜子美, 꽃 천지 ——— 67
두자미杜子美, 낮달 ——— 68
두자미杜子美, 홀로 독獨 ——— 70

두자미杜子美, 축계옹祝鷄翁에게 묻다 ──── 71

두자미杜子美, 읊을 음吟 ──── 72

제4부

철 따라 꽃 따라 ──── 74

나르시스, 수선화 사랑 ──── 75

사이프러스 나무 ──── 76

불망매가不忘妹歌 ──── 77

여름 선물 ──── 78

서귀포 삼달리 중산간 마을 ──── 79

황포돛대, 소실댁 ──── 80

빈센트의 일기 ──── 82

동상이몽同床異夢 ──── 83

닿을 촉觸 ──── 84

내가 나를 사랑하는 법 ──── 85

내 안의 북망산 길 ──── 86

하심下心 ──── 87

적막강산 ──── 88

적반하장賊反荷杖 ——— 90

자화상 ——— 91

잘 참고 분별하여 보내주리 ——— 92

Weak point, 약점弱點 ——— 93

야단법석野壇法席 ——— 94

오냐, 오너라! ——— 95

▨ 이영신의 시세계 | 권온 ——— 98

제1부

만화경萬華鏡

호오오오 히호잇
치요 삐잇 삐요코 삐요
따르르 찌빗 호로로 찌잇

흰눈썹황금새 큰유리새 산솔새
휘파람새

새 소리가
하늘을 휘저어놓다가
천지 사방을 아롱다롱 채우다가
아훗! 푸른 별 지구를
제 맘대로 굴리다가 돌아가네.

민들레의 인사법

하염없이 비가 쏟아지는 날들이 계속되었다지, 다들 뿔뿔이 흩어져 도망을 치고, 민들레 너도 달아나려고 몸부림을 쳤다지, 발목을 꽉 붙잡혀서 마냥 울기만 하다가 머리털이 새하얗게 세어버렸다지, 너의 모습이 가엾어서 하느님이 산비탈로 옮겨주었다 하였지. 근근이 살아나 늘 낮게 낮추며 살아간다지, 한 시절 황금 꽃을 피우고 나면 옛 생각에 새하얀 솜털 모자를 쓴다 하지

이제는 우리가 솜털 모자를 하나씩 손에 들고는 번갈아 후후 불면서 내기 놀이를 한단다, 솜털 아기들이 조그마한 솜방망이를 펼쳐 들곤 마음껏 날아가고, 우리는 번갈아 가며 후후 불다가, 솜털이 하나만 남는 사람은 술래가 되어 '나, 너 사랑해!' 고백을 해야만 해.

씨앗 하나 오롯이 남으면 오히려 너의 마지막 인사 '고맙습니다'라지.

그만 눈 좀 떠 보거라!

아주 작은 새가 늦잠 자는 매화나무를 깨우고 있다
이 가지 저 가지 폴짝폴짝 뛰어다니며
우듬지 쪽을 여린 부리로 톡톡 두들기다가
줄기를 세게 깨물다가 흙바닥으로 뛰어내려
막무가내로 꼼짝 않는 몸통을 흔들어대며
안간힘을 쓴다
아직 잎도 나지 않은 나무
매화꽃 향기까지 끌어올리는 중,
아무려나, 이른 아침부터 기운을 다 빼버린
새의 가냘픈 목소리가 종소리만큼이나 아름답다

불청객

산 아래 집 물확에 낯이 선 할미새가 찾아왔다
물을 묻혀서 꽁지, 날개 양 볼까지 씻는다
물 위에 뜬 복숭아 꽃잎이 거울이다

꽃잎에 구름을 입히면 그런대로 쓸 만한 거울
들여다보니 하늘이 움지럭거린다
하늘이 웃는 듯, 찡그리는 듯

할미새가 내려와 치장하다 날아간 자리
물확 언저리엔 목을 빼어 더듬거리는 개미 한 마리
분내라도 맡으려는 심사, 더듬더듬
한껏 조심스럽다

다시 불청객

쑥 잎을 뜯으려고 풀밭에 손을 뻗으니
톡톡이 진딧물 개미 떼들
느닷없는 손길에 흩어진다
화들짝, 순식간에 달아난다

깨알보다도 더 작아
보잘것없는 것들
녹두알만 한 조그만 것들

엉겁결에 한 놈이 내 손목에 매달린다
붙들며 떨어지지 않으려고 내 살을 꼬옥 깨문다
토옥, 털어내니 저만치 굴러떨어진다

아침 풀밭엔 쑥 잎 따는 소리만 또옥, 똑
때마침 아침 햇살이 내 양 볼을 발갛게
물들여온다

영산암靈山庵

우화루雨花樓 지나니

햇살이 꽃비가 되어 발갛게 내리고요

관심당觀心堂 쪽마루에 앉으니

마음속에서 불빛 하나 환하게 켜지더니

한 주먹 심장이

숨 쉴 틈 없이 돌아가고 있네요

저 달이 다리를 건너가네

다 잠든 한밤중에

저 달만 호젓하게

도월교渡月橋를 건너가네

행여 발 헛디딜까 아슬아슬 건너가네

지나던 구름이 뒤를 살살 받쳐주네

바람이 숨죽이며 지켜보네

강가 대숲에 잠들다 깨어난 새 한 마리

정적 속에 다시 잠이 드네

까마귀 잔칫날

뭐야?

기척에 돌아보면 시침 떼고 고개를
살짝 돌린다 검은 날개 검은 목
온통 새까맣다 까맣게 다리까지 복면을
뒤집어쓴 듯 눈만 유난히 빤짝거린다

기다리다 못해 뒤돌아서서 걸으면
또다시
까악, 까아악!

동네 친구들 다 불러 모아
둥그렇게 모여들 작정이다
갓 버린 쓰레기가 저녁 식탁이다

놈이 나만 어떻게 따돌릴까
궁리를 하고 있다.

연인, 르네 마그리트를 듣는다

그대 음성이 들리지 않아

귀를 바짝 들이대자 물꼬가 트인다

바람 소리

솔바람 소리

심장을 살아 돌아 나오는

붉은피톨

그대 숨소리

그대의 숨소리!

착시錯視

어머나!
사월에 봄눈이라니,

유리창 너머 눈높이까지 쌓인
하얀 눈 더미에
놀라

창문을 열어젖히니

세상에나!

밤새 꽃잎 화약고가 터졌구나
꽃불이 타오르다가
하얗게 재가 되어 쌓였네

직방으로 붙었나 봐!

봄밤

적멸보궁에 사는 비천飛天선녀님

봉황매화 꽃소식 기다리느라

별빛이랑 달빛이랑 노는 날이 많아

달빛 별빛 타고 내려가

봉황매화 향을 품 안 한가득

보드라운 치마폭에 한가득

적막한 그대 잠자리에 가져갈 궁리하느라

별빛이랑 달빛이랑 노는 날이 점점 더 많아져

저물녘, 꽃소식

재스민 찻잔에 얼비치는 우리 대화,

저 구름을 지나 저 태양을 지나

삼천대천세계 몇만 겁을 지나서

먼 먼 훗날에

어쩌면 나는 당신의 아기

어쩌면 당신은 나의, 나의…

몸을 바꾸며 핏줄도 바꾸며

아, 아, 그 질긴 인연을 어찌하면 좋을까요?

어제는 700년 긴 잠을 자던

아라홍련阿羅紅蓮이 피어났어요.

월명에게 안녕을

오늘은 초저녁도 되기 전에 웬일일까요?

노르스름하게 잘 익은 저 달 좀 보세요

에코백 큼지막한 것 하나 꺼내 주어요

살살 잘 담아서 서라벌 그때 주소

적어서 보내보겠어요

월명의 피리 소리 듣느라 가던 길 멈췄다던

그 달이 맞는지 물어보고 싶어요

한 천년 묵었어도 여전히 푸른 바탕에 노르스름한

저 달! 그 달이 맞는지 물어보고 싶어요

천년이 바로 엊그제련가, 손에 닿을 듯이 가깝네요!

매화 향, 만파식적萬波息笛

'한 오백 년' 향피리 음률에 실려
살며시 졸다 보니
순간에 천년을 거슬러 올라갔다

봄기운 가득 머금은 천년의 바다
햇살도 바람결도 따스하다

청매화 다소곳이 피어나고
자근자근 피리 소리에
근심도 걱정도 수그러들고
이 길목 저 들판, 길마다 안온하다

향피리 음률에 실려 살포시 다녀온 천년의 바다
청매화 아련한 향이 아직도 남아 있네.

사랑의 종말

애리애리한 계집애가
막무가내로 자기 남자를 내어놓으란다
'하늘과 땅 사이에
사랑을 잊지 못해 애타는 마음'
아무리 둘러봐도, 호주머니를 다 털어도
갖고 있지 않은 남자를 막무가내로 내어놓으라고
제 남자 삼겠다고 운다

한참 나이 든 수양버들은 저만치 서 있는 남자의
뺨을 세차게 내려칠 듯하다가
감쌀 듯이 스친다
계집애의 자그마한 어깨를 어루만져 줄 듯하다가 스쳐
간다
아무도 나서질 않는다 계집애 혼자 흐느낀다

'외로워 외로워서 못 살겠어요'
잘 삭은 유행가 한 가락
시간의 손길에 떠밀려 한참을 지나온 길
'대답 없는 메아리 허공에 지는데'

흥얼거리며 달빛을 밟으며 돌아가는 길.

* '사랑의 종말' 노래 구절 가져옴.

산유화

누워 있다는 것은 고요함을 깔고
고요함을 덮고 있는 것인가
둥그스름한 봉분에 날아온 까치도
목소리를 삼키고 있다
날개를 펼쳤다 다독거리며 도로 말아 놓는다

눈 감고 누워 저세상 어딘가를 향하는 길은
외통수 길인가
활짝 피었던 저 꽃도 칼날 같은 겨울에
수그렸다 다시 피건만
한 번 누워 고요에 빠져들면
고목의 삭정이만도 못한가

'산에 산에 꽃이 피네'
'봄이 오면 새가 울면'

* '산유화' 노래 구절 가져옴.

원효, 꾸중을 듣다

  사복蛇卜네 집에 문상을 갔던 원효가 그의 어머니 영전 앞에서 기도를 하자 말이 번거롭다고 주인이 꾸중을 했다 다시 서둘러 '죽고 사는 것이 괴롭구나' 맘 가는 대로 한마디 하고 나니 가만히 듣고 있었다 둘이서 상여를 매고 산 밑에 갔다 사복蛇卜이 기도를 마치고 나서 띠풀을 뽑자 그 안 땅속에 연화장세계蓮華藏世界가 펼쳐졌다 눈 깜짝할 사이도 없이 홀어머니와 아들로 살던 그 둘이 사라져버렸다 마치 뭐에 홀린 것만 같았다 터덜터덜 혼자서 고선사高仙寺 절로 돌아오며 아무리 생각해도 죽고 사는 일이 쉽지만은 않았다.

우렁각시

산골짝에 홀로 사는 당신의 살림살이
반지르르하게 윤기가 나네요

헐은 이부자리 한 채에
여기저기 부옇게 쌓인 먼지가
제격일 텐데요

맛깔스런 해물 지짐 상차림에
달맞이꽃 수레국화를 화병에 꽂아
치장을 한 걸 보면
보통 살림 솜씨가 아니네요

장독대 흐트러진 것은
고라니란 놈의 주둥이질,
멧돼지란 놈이 분탕질하는 채마밭을 보면
놈들 등쌀에 곧 쫓겨날지도 모른다
너스레를 늘어놓지만

새벽참이면 숨겨 놓은 우렁각시

따뜻한 밥을 지어놓는 것인가요

산골짝에 살아 외롭다 하는 당신,
두 뺨에 윤기가 흐르고 방 안 가득히
알 듯 말 듯한 보랏빛 향내가 그윽하네요.

카사블랑카 커피

모로코 카사블랑카 에스프레소 커피 한 잔에는
코발트 바다 빛 파도 소리가 섞여 있다
바다 빛을 그대로 닮은 하늘도 한 자락 들어 있다
카사블랑카 에스프레소 커피 한 잔에는
흑백영화 카사블랑카에 이별하는 연인의
눈물방울이 더해져서
달콤하면서 쌉싸름한 맛이라고 한다

제2부

핀란드 사람 펜티 사말라리

 부둣가에서 열 마리의 고양이들이 하나같이, 정박해 있는 커다란 배 위를 바라보고 있어서 뭘까 싶어 돌아보았다. 세상에나! 시선을 사로잡은 것은 비늘을 벗기고 창자를 잘 발라내어 배 위에서 꾸덕꾸덕 마르고 있는, 줄에 널린 생선들이었다. 행여 생선 부스러기라도 떨어지지 않을까 목이 빠져라 기다리는 모습이었다. 핀란드 사람 펜티 사말라리는 보이지 않는다 카메라의 피사체에 이 딱한 놈들의 모습을 잡아넣고 사라진 것을 보면 한 20여 미터 길이쯤 되는 사다리를 구하러 성큼성큼 사라진 건 아닐까. 보기만 해도 애틋한 열 마리 고양이들. 입양이라도 할까 보다.

셰어하우스

벌교 여자만汝自灣에 따개비가
이리저리 쓸려 다니다가 어찌어찌
꼬막네 거친 집에 얹혀살게 되었다
눈도 없고 가진 것도 없지만
귀는 늘 열려 있다
비가 오면 둘이 함께 빗소리를
듣는가 하면
볕이 좋은 날엔 볕바라기도 함께 한다
한 치 앞이 보이지 않는 아득한 앞날
거센 파도에 휩쓸려 내동댕이쳐진다 해도
등을 맞대고 있으면 온기가 느껴지고
마음이 촉촉하게 젖어오곤 하였다.

지음知音

봉오리 봉오리마다
깊은 잠에 빠져
눈뜰 기미가 아예 없는
백모란에게
'날 밝아지는 대로 작별이란다'
소곤대듯이 귓속말을 남겼더니
곧이곧대로 새겨들어 밤새워
속속들이 열어놓았구나
다시는, 다시는 볼 수 없는 임을 작별하듯이
밤새 닦아놓은 속을 다 보여주는구나

손잡아다오
— 풍요조風謠調

오너라 오너라
얘들아

겨울나다 보니 자두나무 팔뚝이
반 이상 찢어졌다
자두나무 몸통이
어찌어찌 팔뚝을 받치고
안간힘으로 버티고 있다
팔뚝도 몸통도
나가떨어지기 직전이다

봄바람아 오너라
실버들아 오너라
날 좀 받쳐주렴!
손 좀 잡아다오!

무지개다리 건너

빅토리아 앞바다에서
벌써 몇 날 며칠째
숨을 거둔 어린 새끼 행여 놓칠 세라 품에 안고
범고래 어미가 바다를 헤매고 있네요
어찌할 거나
차마 다가서지 못하던 물살이
이제는 맘먹고 토닥토닥 찰랑이며 토닥거려주고
먼산바라기 하던 하늘이 이제는 배경색을 새파랗게 깔고
무지개, 무지개다리 삼아 건너가라고
뜬구름을 새하얗게 펼쳐 놓고 있네요.

쌔근쌔근 잘 자거라

사바나 초원을 누비며 온밤을 새워

도둑 사냥을 하던 점박이 하이에나

포슬포슬한 흙을 깔고 누워

투명한 햇살을 잡아당겨 한 자락을 덮고는

잠 속에 포옥 안겨 있다

연회색 부드러운 속살 젖꼭지도 뱃살도 다 드러나

숨결을 따라 저 살갗 안쪽 어딘가에

가느다랗게 이어진 명줄을 잡고서 쌔근쌔근.

피오르 백야白夜

이 밤을 하얗게 밝힐 바에야

설핏 잠들어 있는 잔잔한 호수를
마주하자니

바람이 건 듯 지나가자 물살이 인다
잎사귀 하나 내려앉자 수면이 가늘게 떨린다
잠 못 드는 새 한 마리가 가볍게 뒤척이자
물 위에 생채기가 난다

그림처럼 떠 있는 구름을 툭 건드리자
하늘이 바람이 산이 흔들리다 부서진다

제 자리에 돌아오면
호수 거울에는 그림 한 폭이 고요하다

사통팔달 어디 한 군데도
걸릴 데 없는 진면목을 찾아
다시 시작이다

이 밤을 하얗게 밝힐 바에는.

트롤하우겐, 그리그의 집

'아, 나는 그리워 널 찾아가노라…'
애절한 솔베이그의 노래에 홀려 걷다 보면
어느 사이에 베르겐 트롤하우겐
에드바르 그리그의 집에 닿게 된다

호수가 한눈에 들어오는 곳
신화 속의 괴물 요정 트롤이 늘 지켜주고
바람 속에 흩뿌려지는 라일락 향내와
숲속 새들의 지저귀는 소리 자장가 삼아
그의 분신인 솔베이그의 품에 안기듯이
평화로운 곳

저 호수를 바라보며 영원히 잠들고 싶다더니
이제는 검은 갈기를 달고 사자 모양을 한 트롤이
그의 수호신이 되어 언덕을 지키고
아름다운 선율로 가득한 악보는 누군가를 기다리고

서늘한 피오르 물결에 마음도 몸도 다 내맡긴 그가
고이 잠들어 있다.

봄바람 새

살랑살랑 봄바람을 타고 날던
호기심이 많은 조그만 새

유리창에 비친 투명한 하늘에 홀려 날아들었다가
맥없이 부딪쳐서 마당에 나동그라졌다

목숨줄을 아예 놓았나 보다
들여다보니
할딱거리면서도 숨을 움켜쥐고 있다

사방 천지 어디인지 분간을 못 해 겁도 없이
품 안에서 한참을 눈알만 두리번두리번
파드닥파드닥 여리게 여리게
애쓰더니 어찌어찌 날아간다

내 품 안에는 파닥거리던 날갯짓이
빗금처럼 새겨진다

피붙이 살붙이

북극 툰드라 지역에 가을이 오면
여름내 살진 순록들은 이누이트 족의
귀한 먹거리 살림살이가 된다

이누이트 여자가 날카로운 울루 칼로
사냥감 고기 손질을 시작하면
어느 사이에 갈매기들이 모여들어 멀찌감치 서서
군침을 삼키고 있다

이누이트 여자의 울루 칼을 다루는 솜씨는 단호하다
뼈에 단단하게 붙은 살 한 점
근육 한 오라기도
놓칠 리가 없다
온 가족의 배 속을 따뜻하게 데워줄 고깃국물
겨울이면 따스하게 몸을 감싸주는 외투
발을 데워주는 신발

내 새끼들
찬 바람 씽씽 부는 겨울 무섭고 긴 한파 속

내 새끼들

무럭무럭

키도 쑤욱 쑥 자라야 할 텐데

갈매기들의 입맛 다시는 소리를 애써
외면하며 여자는 먼데 지평선을 바라본다

밥때 마수걸이

주렴을 길게 늘어뜨리고
문을 활짝 열어 놓은 식당 앞에
반지르르하게 은회색 옷 차려입은
비둘기 한 마리

뒤뚱뒤뚱
들어갈까 말까, 들어갈까 말까
한참을 망설인다

'이 구수한 냄새가
참 그럴듯한데…'

발목이 몹시도 가느다란 비둘기
세상 짠 내 단내 다 맛본
주인이 바깥을 내다보길 바라는 눈치다

'주인이 한 번 마주치기만 해도
뭔가 찌르르 통할 것인데…'

뒤뚱뒤뚱 반지르르한 비둘기
문지방을 타고 넘을 기세다.

밤 소풍

윗절
대비사大悲寺에 사는 군식구
바둑 고양이가
나물 밥상에 물렸나 봐요

저녁때면 우리 집 방문 앞에
진을 치고 앉아 있네요
이제나저제나
비린 냄새 맡으려는 듯이
지치지도 않고 기다리네요

보름달까지 오늘은 일찌감치 찾아왔네요
바로 저만치
샛노란 보름달이 찾아와 닻을 내렸네요

달의 밤바다 금물결에 바둑 고양이를
슬그머니 앉겨주려는데
바둑 고양이 쏜살같이 달아나네요
멀미를 할까 봐

지레 겁을 먹고 달아나네요

윗절에 사는 바둑 고양이
나물 밥상에 물렸나 봐요.

팔당 칼제비 집

　자정 넘어 밤은 깊어 가는데, 커다란 양푼엔 막힌 마음 뚫어줄 매콤한 국물이 한가득, 새우 오징어 바지락 개불 보글보글 엎치락뒤치락 강물 소리도 출렁거리며 흐르다 잔잔해지고 칼국수 수제비 익어가는 소리에 섞여 자분자분 속식히는 소리 넓은 홀 안을 돌며 이리저리 시중드느라 잠을 놓친 이역만리 건너온 몽골인, 네팔인 눈가에 무지근하게 고여 있는 시름도 펄펄 끓인 칼국수, 수제비 국물에 섞여 녹아드는 새벽으로 향하는 길.

어떤 노숙자

알렉산더 대왕이 요절하지 않아
만약 제때에 정년을 맞아 은퇴했다면
무슨 일을 소일거리로 삼았을까?

요즘 시대에 걸맞지 않아 다들 걷어치우는
대장간은 하지 않았을 것 같아, 힘도 딸릴 것이고.
그렇다면 농사꾼? 아니면 무슨 무슨 병법 연구소?

다분히 철학적이면서도 사람을 좋아한
그의 성정으로 미루어 보면
커다란 나무통을 하나 구해보려고 했을 것 같아
그러고선 곁을 주지 않으려는
혼자서 볕이나 쬐고 있을

디오게네스 옆에 짝을 이뤄
통속에 들어앉아 머리만 내놓고서
뒹굴뒹굴하지 않았을까 싶네.

나잇값

어디서 모서왔는가

정릉천 징검다리 놓는다
커다란 바윗덩어리로
하천을 메꾸고 있다

굴삭기로 육중한 몸피
양 옆구리를 집어서
물속으로 처넣자
'끄윽' 속으로 지르는
외마디 소리

시궁창에 처박힌들
징검다리 한 걸음으로 놓인 들
뭐라 할 말이 있겠는가

켜켜이 쌓인
만 만년 곰삭은 연륜.

떠돌이별

생각해 보게나, 멀쩡하던 하늘에 시뻘건 해가 하나
더 생겨났다니 기가 찰 노릇 아니었겠나
뒤숭숭하던 차에 월명月明이 나섰다니 다행이었지 뭔가
피리 소리로 하늘의 달을 단번에 사로잡은 젊은이 아닌가
녹슨 채로 버려진 은하 999열차에 무한 에너지를 장착
하여
햇덩이 하나를 명중시켜 꿰뚫고는, 내처
카시오페이아 은하로 되돌려 보냈다는 것 아닌가
까딱하면 우린 밤을 잃을 뻔하였네
아, 한밤중에도 날이 훤하게 밝아 잠을 못 이룰 뻔하였네
생각해 보게나, 살면서 별 황당한 일 다 겪어낸 우리 아
닌가

피로연

요세미티 공원, 면사포폭포에서 결혼식이 열리고 있다
주례 선생은 일찌감치 자리 잡은
크레이지 호스 추장 바위이다
하객들은 이미 식장에 들어서서 빼곡히 자리 잡고
아버지의 손을 잡고 들어설 신부는 면사포만
아직도 하얗게 새하얗게 흩날리고 있다
이제나저제나
저 기다란 면사포를 쓴 신부 언제쯤 등장할까?
신부의 모습이 궁금해
하객들은 자꾸 뒤돌아보며 목을 길게 빼고

피로연에 나올 음식은 자꾸 눈앞에 어른거리고.

햇빛은 쨍쨍, 빗님은 주룩주룩

  손톱만 한 씨앗 한 알을 뱉어냈을 때가 참외 살이의 시작이다 어떻게 해서든지 자리를 잡고 보송보송한 솜털을 쓰고 앙증맞은 조막손을 뻗으며 움켜쥐며 땅으로 벋어나갈 때, 그때가 참외 살이 생업이었다 땡볕에 비틀어지고 돌더미에 깔리고 빗물에 녹아나고, 그것이 참외 살이의 이력이었다 하찮은 그것이 자기를 끌어안고 가는 참외 살이의 운명이라고 말한다면 다들 웃을지도 몰라.
  긴 장마 뒤에 커다란 넓적 바위를 쟁반으로 삼았더군 저절로 색을 진노랗게 물들이고 저절로 잘 익혀내고 저절로 꼭지까지 제대로 떼어내고 참외 한 알 근사하게 올려 상을 차렸더군

  누구 몫으로 차리신 걸까?

환절기

거친 바람이 속을 한바탕 휘저어놓고
떠나가자 기가 푹 죽었다.
어찌어찌 겨우 기의 끝단을 부여잡고 일어났다.

숨 죽은 기의 여기저기, 군데군데
폭으로 길이로 빠짐없이
손놀림을 하여 가지런히 펴보았다.

풀을 넉넉히 먹여
높다랗게 빛나는 빨랫줄에 널어보려고
두 발을 고추 세우고 손을 휘저으니
닿을락 말락 위태롭다.

뒤꼍에 놓여 있는 지혜의 막대기를 찾아내어
바지랑대 삼아 휘저으니 겨우 손에 닿는다.

빨랫줄 끝에서 끝까지 기를 꽉 차게 널었다.
빈틈없이 널었다.

한나절 볕에 잘 마르면
양손으로 잡아당기고 토닥토닥 두들기고
다림질을 하면
빳빳하게 다시 살아날 것이다.

한동안은 기죽는 일 없을 것이다.

토닥토닥

상강霜降 오후,
누렇게 뜬 칠엽수 잎 하나 찬바람에 밀려
흙바닥에 굴러가다 처박힌다
멀찌감치 연못가에 쉬던
햇살이 따라간다
'잘 자고 있어라, 때가 되면 깨워줄게'
주름진 손 내밀어 토닥토닥 토닥토닥

제3부

제갈량의 공성계空城計

 수세守勢에 몰린 제갈량이 에라 모르겠다 성문城門을 활짝 열어놓고는 성루城樓에 높이 올라앉아 천연덕스럽게 거문고를 뜯는다 저 멀리 말발굽 소리, 저 멀리 적군의 함성이 점점 더 가까워지거나 말거나 거문고를 뜯는다 당 다당 당당, 술대를 들어 햇빛을 어른다 술대를 뜯어 바람을 잠재운다 개미 새끼 한 마리도 얼씬 못한다 높다란 성 성루의 제갈량 거문고 뜯는 소리를 넋을 잃고 쳐다보다가 근심이야 외로움이야 오거나 말거나 그리움이야 왔다가 제풀에 지쳐 달아나거나 말거나 다당 당당당, 내 속내를 거문고 삼아, 술대를 제대로 들어 첫 음을 힘 있게 당겨본다.

증점과 함께 하고 싶어라

 모처럼 한갓진 날에 공부자와 함께 앉아 저마다 세상에 대한 포부를 펼쳤다 '넌?'하고 증점을 가리키자 악기를 만지고 있던 그가 뜬금없이 놀고 싶다고 했다 온 사방 천지에 꽃이 만발할 때 옷 한 벌 잘 차려입고 기수강가에 나가고 싶다 신발도 벗어 던지고 멱도 감고 놀다가 아카시아 향을 안주 삼아서 소주도 한 잔 마시고 노래 부르며 돌아오고 싶다 말하였다 하마터면 불청객인 내가 '우와!' 탄성을 지를 뻔했다 늦봄의 강바람은 상상만 해도 간지러웠다 모래사장에 큰 대자로 누워서 하얀 구름과 희희낙락하다가 소리를 내지르고 싶었다 '언젠간 가겠지, 푸르른 이 청춘 날 버리고 가는 세월'* 음치인 내가 목이 터져라 노래 부르면 다들 배를 움켜잡고 웃으리라 세상 공부고 뭐고 간에 거리낌 없이 놀고 싶다 점잖은 그분도 점이와 함께 하겠다** 고 말하였으니 말이다.

* 김필이 부르는 노래 '청춘'에서 가져옴.
** 논어 선진 편, 吾如點也

바위틈 홀로 피어난 꽃
― 명나라 사람 양명에게-

묵묵한 바위 틈새에서 홀로
올라와 피었던 참꽃,
보는 순간에 화살 꽂히듯 맘속에
자리 잡았습니다

꽃이 바로 내 마음이 되었습니다

천둥 번개가 친들
천둥번개가 저 산등성이의 집 한 채를
홀랑 태운들
눈 속에 맘속에 들어오지 않았다면
그 무슨 의미가 있겠습니까

그것이 선명하다 못해 못 박아 놓듯이
들어앉았으니 어찌하겠습니까

모처럼 바람 쏘이러 나갔다가
들어앉은 꽃 한 송이
내 깊은 속 투명한 유리 화병 속에

아예 꽂아 놓았답니다.

두자미杜子美, 송수松樹

산속 그늘에 가려져 서 있는 애기소나무
검지손가락만 한 것을 캐어서
마당가에 옮겨 심었다네

꽃을 보려는 것이 아니었네
과실을 열게 하려는 것도 아니었다네

깊게 깊게 뿌리 내려

나보다 한 천년 더 푸르게 서서
기억해 줄 텐가?

그날의 기억
그날 올려다본 푸르른 하늘
내 손안에 따스한 온기가 있었다는 것!

두자미杜子美, 오십보백보五十步百步

두자미, 긴 삽 들고 둥굴레 뿌리 캐내려고 산속을
헤매다가
지저귀는 새 떼들 제집 쉽게 드나드는 것 보며
부끄럽기도 하고 부럽기도 하겠다

나는,
간 졸이며, 간 졸여질 대로 졸여지며
도수 높은 돋보기 자국 콧잔등에 짙게
남기며 숫자 맞추기, 숫자 짝 맞추기 하며
하루를 꼬박 보내었다. 그렇게 날들을 밀어 보냈다

두자미여, 귀밑머리 허옇게 되어 하루하루를 살아내는
사람살이, 그대나 나나.

두자미杜子美, 백우百憂

한 사람이 돌덩어리들을 길바닥에 부려 놓고는
저 종남산과 겨루어 탑을 쌓고 있었다오

지나가다가 그 모습이 재미있어 보여서
당신만 그러한가
나도 못잖다고 지지 않으려고 쌓아보았지

그는 거침없이 따라가지 못할 만큼 빠르게 쌓아 올리더니
이미 올려다보기 어렵게 쌓았다오

도저히 따라잡을 도리가 없겠더군

행색이 초라하고 귀밑 머리털이
새하얗게 바랜 그를
물끄러미 바라보다가
아예 상대가 안 되어
내가 쌓아 올린 것을 단숨에
흩어버렸어

벌렁 길바닥에 누워 있다가 산처럼 쌓아 올려놓은
그의 근심덩어리들 구경이나 할 참이라오!

두자미杜子美, 백발白髮

빗질을 하니 내 허연 머리카락이 바닥에 수북하게 쌓인다
저 창밖의 바람이 빗질을 거들은 것일까
가늘어지고 삭아진 내 허연 머리카락이 수북하게 쌓인다
저 창밖의 바람이 나에게 와서 빗질을 거들은 것일까
머리카락 빠진 머릿속에 듬성듬성 살이 드러난다

저 창밖의 나뭇잎들 어느새 누렇게 물들었다
엊그제 파랗게 살랑거리던 나뭇잎 어느새 누렇게 물들었다

바람이 나뭇잎들을 몰고 다니다가 어디로 가는 것일까
어디서 생겨난 바람일까
저 바람은 어디를 돌고 돌아 다시 오려는 것일까

허옇게 물든 내 머리카락
가늘어지고 삭아진 내 머리카락
바닥에 수북이 쌓인다.

두자미杜子美, 꽃 천지

겨우내 여러 차례 함박눈이 펑펑 내리더니
언 땅이 풀리며 촉촉하게 기름져 보이네
올 한 해엔 꽃구경 실컷 하리라 작정하고는
이집 저집 모종을 얻어 보네

그 누가 따먹게 될지 기약 없는 나날이지만
돌배, 자두나무, 황매 가리지 않으려네
꽃 질리도록 실컷 보고
설혹, 열매라도 맺는다면 이집 저집 나눠 먹는
재미도 쏠쏠할 것이네

아, 상상만 하여도 꿈인 듯이 눈앞 가득 펼쳐지는
꽃 세상!
어찌 사람살이만 오묘하다 할 수
있겠는가?

두자미杜子美, 낮달

내 것이다!

아무도 손대지 마라
저기 저 낮달

저것! 햇살에 잘 달궈서
발갛게 잘 달궈서

오늘 밤
아득히 먼 곳에서
밤이슬을 맞고 있을
그이에게 보낼 것이다

오소소 소름이 돋은 앙상한 팔뚝을
가냘픈 그이의 어깨를
뜨듯하게 덥혀줄 것이다

누구도 건드리지 마라
오늘만은 저 낮달

내 것이다!

두자미杜子美, 홀로 독獨

산앵꽃 흐드러지게 피어

바람이 살짝 건들기만 하여도
스스로 겨워 꽃비 되어 흩날린다

꽃비 소식 어디라도 알리고 싶어

지나가는 새를 불러보아도
못 듣고 지나간다

주위를 아무리 둘러보아도
사람 그림자는 아예 보이지 않으니

어디에 가서 사람을 데려와
꽃술 한잔 권해볼까?

두자미杜子美, 축계옹祝鷄翁에게 묻다

부실한 이 몸뚱이 보하려고
오골계 몇 마리 키웠더니
새끼까지 쳐서 백여 마리 작은놈 큰놈
식구가 늘어 온 집안이 난장판이 되었소
어디라 가리지 않고 휘저으며, 침상 위에까지
날아올라 똥질은 물론
어찌나 시끄럽게 울어대는지 혼이 쏙 빠질 지경이오

내 하나 물어보겠소

그대 어찌 천여 마리의 닭에게
그럴듯한 이름 하나씩을 선사하였으며
그 이름 불러주면 제 이름 알아듣고
어찌 정확하게 달려 나오며
손짓 내저으면 고놈 어찌
얌전히 물러나는지 그 비법 나누어 주시겠소?

그렇지 않으면 아무래도 튼튼한 닭장 하나 지어서
놈들 꼼짝 못 하게 가둬 둘 도리밖에 없겠소.

두자미杜子美, 읊을 음吟

누가 나를 기억할까?
이 늙은 몸뚱이
또한 기억한들 무슨 소용일까?

양 볼살에 기름기 빠져 주름살 더욱 깊어지고
바지는 자꾸 흘러내린다

마음 다잡아 호미를 들고
무덤가에 널린 둥굴레, 금잠초, 삽주,
약초 삼아 옮겨 심어 병을 다잡아 볼까?

마음속에 피어오르는 슬픈 노래
되는 대로 흥얼거리며

슬픔도 기쁨도 한줄기에서 나와
흩어지는 것이라 위안을 삼을까?

제4부

철 따라 꽃 따라

도심 한가운데에
어찌어찌 피어난 샛노란 씀바귀꽃
조그만 바람에도 주저앉을 듯이 여리여리하네
어디에서 찾아온 나비일까
팔짝 건너뛰듯이 꽃잎에 앉자
꽃 목이 휘청 부러질 것만 같아
에구머니나!
놀란 씀바귀 아픈 목 살짝 기울이자
바스라질 듯, 어린 나비 날개를 바짝 세우며
가냘픈 발목 슬그머니 힘을 빼고 있네.

나르시스, 수선화 사랑

두 눈을 살며시 감자

사방이 어두워지고 맑은 연못이 생겨났습니다

울음 끝이 길던 나르시스가 비쳐졌습니다

와락 끌어안지 않고는 견딜 수 없는 모습

하늘이나 알지 땅이나 알지

스스로 가슴을 치며 울던

그이의 모습이 뚜렷하게

내 가슴에 아로새겨져 있었습니다.

사이프러스 나무

그라나다 헤네랄리페 아름다운 정원에는
아직도 벌 받고 있는
사이프러스 나무가 서 있네

바람난 술탄의 아내를
묵묵히 바라보기만 하던 죄,
못 볼 것을 본 죄, 죄목으로 목이 잘려
아직도 수백 년 내내 벌 받고 서 있네

외간 남자의 붉은 피는 이미 정원의
물길 따라 흘러갔고
수치심을 안고 살아가던 왕비도
분노로 천지를 뒤흔들던 술탄도 떠나간 지
이미 오래전

한낱 물거품과도 같아라
짙푸른 하늘 아래 뜬구름 한 점 스쳐 가노라

불망매가 不忘妹歌

그날 소낙비 흠뻑 맞아 머리칼에서 빗물
뚝뚝 듣던 그때였던가
간다는 말도 없이 가던 때
비 그친 하늘가의 무지개에 홀리듯이
도리천 도솔천 그 어디에 숨어든 것이냐
간다는 말도 없이 가던 때
가을 겨울도 다 지나 햇살이 유난히 빛나는 아침에
수북이 쌓인 낙엽 더미에서 돋아나는 연초록 생명이
보고픈 나의! 나의 눈을 짓무르게 하는구나
도리천 도솔천 마다하고 세상을 다시 찾은 듯한 네 모습

여름 선물

　노랑 꽃방이 있는 손톱만 한 별꽃을 피워내는, 까마중의 꽃말은 '단 하나의 진실'이다 딱 이맘때, 어머니는 까마중 작은 별을 나뭇잎으로 싸고 하얀 손수건으로 덧싸서는 선물이라고 나에게 내밀었다 별들이 나하고 마주쳤다 반짝거리는 구슬별들 내가 뭐라고 별들을 귀하게 모셔와 한 번 삐치면 하루 온 종일 울어대는 어린 딸 앞에 내밀었을까 초롱초롱 빛나는 별들이 네 눈 안에 소복하다고, '세상 아무것도 못 믿을 때 너는 믿는다' 말하여 준 어머니의 사랑, '단 하나의 진실' 세상이 아무리 어수선하여도 그것만은 자신 있게 말할 수 있겠다.

서귀포 삼달리 중산간 마을

 두모악 갤러리는 루게릭병을 앓던 사진작가가 살던 곳이다 그곳의 돌담도 나무들도 풀들도 주인을 닮았다 오랫동안 함께 살며 살도 붙고 뼈도 굵어졌으니 어쩔 수 없다고 치자 그런데 그러한데 한구석 전혀 눈에 띄지 않는 곳에서 때 이르게 아침부터 홀로 연한 미색 보자기 펴놓고 있는 수선화 한 송이, 나뭇가지마다 붉은 동백꽃을 사이사이 꽂아놓고는 노란 촛대에 불을 붙인 수선화 오로지 홀로 있는 모습을 보았다면 날 기다리고 있었던 것이 분명하지 않니? 겨울비마저 내리고 제각각 외로움이 호젓하게 서린 그 뜰에서 말이다.

황포돛대, 소실댁

그이는 늘 담배를 피워 물었어요.
먼 데를 바라보고는 후우 연기를 내뿜는 동그랗고
발그레한 입 모양,
동글동글 나오는 연기는 안개꽃 망울도 되고
날아가는 새의 날개도 되었어요.

예쁜 고추가 달린 어린 아기를 선물로 낳아놓고는
후우, 내뿜는 연기 속에 그이가 살며시 뺨을 훔쳐낸 눈물도,
첩생이,라고 소곤거리는 아픈 눈초리도 섞여 흩어졌어요.

'갈매기야 울지 마라 이 마음이 서럽다… 황포돛대야~',
그이가
부르던 구슬픈 노랫소리조차도 아스라이 잊혀진 이 밤에
눈앞에 몽글몽글 피어오르는 담배 연기 속에

아가야, 곰살궂게 어린 나를 부르던 그이도
꼿꼿한 자존심에 금이 가서 풀 죽어 살다간 울 엄마도,

불현듯, 불현듯이 나타났다가

물결구름을 따라 흘러가듯
창밖으로 흘러갑니다.

빈센트의 일기

살며시 다가와 바람인 듯이
구름인 듯이 손잡아주길 원했어요
고른 숨소리가 들리는 사람이
사람이, 간절히 그리웠을 뿐이에요

누르스름한 대기의 빛깔
코끝에 다가와 간질이는 올리브 향
귓가에 다가와 소곤대듯이 윙윙대는 벌

오베르 벌판을 미친 듯이 헤매고 다니며
내일이면 지고 말 그 꽃을 나의 영원한
꽃으로 옮기고 싶었어요
건듯하면 바람이 가져갈 사이프러스
잎새의 모습을 화분에 심어놓듯이
언뜻하면 사라질 그 하늘빛깔을
그대에게 바치듯이 옮겨놓고 싶었어요.

동상이몽同床異夢

놈을 발아래 눕히고 딱 한 번이라도
항복을 받아보고 싶은데
전전긍긍, 늘 놈의 꽁무니나 따라다니고
어쩌다 한 번 잡았다가도 놓치기 일쑤다
오늘은 맘먹고 놈의 몸통을 꽉 움켜쥐니 어찌나
미끈거리는지 한쪽 무릎으로 몸통을 꽉 누르는데
빠져나가려고 용을 쓴다 힘도 엄청나다
내 힘이 부친다 어디 날카로운 바늘 하나 없을까
구멍을 내어 바람을 좀 빼내면 부드러워지려나,
잡아놓기가 한결 쉬우려나?
바늘 하나를 궁리하는 순간에 빠져나갔다 또 놓쳤다
오늘도 잡기는 글렀다 내 마음 내 맘대로 안 된다
나를 늘 따돌린다.

닿을 촉觸

유난히 굼뜨고 무딘 내가 아침 햇살을 받고 서 있자니
눈이 자꾸 감긴다 따끔거린다 짓무르는 것처럼 아프다
내 옆구리까지 자꾸 움찔거린다

힐끗 뒤돌아봐도, 햇살이 비추는 아침나절,
유난히 빠른 꽃 소식뿐인데,

아 그날의 그거다
꽃 한 송이가 날 건드렸구나

딱 이 계절쯤 전해온 새벽의 슬픈 소식이
어디에 숨어 있다가

꽃 한 송이가 촉이 되어
내 눈을 짓무르게 하는구나

내가 나를 사랑하는 법

참 멀리도 왔구나
힘들었겠구나
貞이면 吉하여 후회가 없으리니

두 손바닥으로 어깨에 변죽을 슬쩍 울려봤을 뿐인데

왼팔을 들어 올려
오른팔을 들어 올려
서로 엇갈리게 하고는
내 어깨를 안아준 것

저 아래에서부터 스물스물 물기가 스며 올라오고

심장은 두근두근

차디찬 두뇌까지
OK! 신호를 보내왔다는.

내 안의 북망산 길

높고도 험한 길

시퍼런 물결 만나면 건너지 못해

한참을 주저앉는 길

그 물결 가시밭길 진흙 수렁 헤맬 때

솜털같이 포근한 가슴에 안겨

그 산 문지기 포근한 품에 안겨

잃었던 고향집에 데려다주듯

그려보는 북망산 가는 길

하심下心

  수은주 눈금이 확 오르다 보니 덩달아 더위를 먹었나보다 가슴 명치께가 꽉 막히며 '내 마음 나도 몰라' 마음이 무거워졌다 가슴을 눌러봐도 가슴을 살살 때려 봐도 잠깐 내려놓으려고 해도 떨어지질 않는다 깔고 앉아보려 해도 되질 않는다 하는 수 없이 육조단경六祖壇經의 낡은 페이지를 친구삼아 펼쳐놓고 깜박깜박 졸음에 빠진다 속에 두지도 말고 붙잡지도 말라고 한다 밖에도 두지 말고 안에도 들이지 말라 하니, 눈앞에 스크린 돌아가듯이 보고 있으란 말인지 엉거주춤 나갈 듯 말 듯 빙빙 돌다가 찬 얼음덩이로 냉찜질을 해야 할까 보다

적막강산

라오스 방비엥에서 모셔온 부처님 앉음새가
너무도 편안해 보여서 그대로
따라 하느라

1. 왼쪽 다리를 오므리고
2. 오른쪽 다리를 곧추세우고
3. 무릎 위에 머리를 얹고

따라 해 놓고는
마음을 턱 내려놓자 하니

찌그락짜그락
속닥속닥
투욱투욱

내 안에 빌붙어 사는
조그만 게딱지 같은
것들이 다 들고일어나
시끄러워서 못 살겠네

벌떡 일어섰다

사대문 활짝 열어라
조주사문趙州四門 동문 서문 북문 남문 문 활짝 열어라

삼천대천세계 좁은 문지방에 발이 꼭 끼었다

적반하장賊反荷杖

번호키를 누르는데 작동이 딱 멈춘다

요지부동이다 흔들고 비틀어보다가 통사정을 하니

문이 스르르 열렸다, 후유, 살았다! 오버코트를

벗어던지고 가방도 내려두고, 이 무슨 조화 속인가.

이 몹쓸 것, 손이라도 봐줄 요량으로

요리조리 살피고 잠갔다 풀었다 하는 사이에

문이 절로 철커덕 닫혔다

나를 맨몸으로 바깥에 가둬버렸다

하늘 천지! 넓은 뜻 알아라

하늘 덮고 땅을 깔고 누워보아라?

자화상

보석사 문지방을 넘어서니
입을 크게 벌린 아금강상阿金剛像
입을 굳게 다문 음금강상吽金剛像
둘이서 나를 맞이한다

입을 벌리고 있는 문 지킴이는
내가 세상에 올 때 울던 모습이고
입을 굳게 다물고 있는 문 지킴이는
세상 문을 닫고 나갈 때의 모습이란다

기왕에 들어섰으니
빨갛게 익은 딸기도 따 먹어보고
아슬아슬 낭떠러지 길도 걸어 보라는구나
한번 건너면 되돌아오기 힘든
시간의 외줄 다리도 출렁출렁 건너보라는구나

보석사 문지방을 넘어 들어서니
내 속까지 꿰뚫은
아금강상 음금강상 둘이서 나를 맞이한다.

잘 참고 분별하여 보내주리

나를 찾아오는 하루는 안성맞춤이다
미리 당겨쓸 일도 없다 건너뛰지도 않는다

잠자고 일어나면 인사를 해온다
두루뭉술한 듯이
말끔하게 깎은 듯이
다가와서 인사를 한다

귀한 손님 맞듯이 두 손 그러모을까
내던져도 깨지지도 않는 미꾸라지처럼 빠져나가는 오늘 하루
등짝을 철썩 소리 나도록 패주고는
발길질을 제대로 해서 내몰고 싶다만

옥에 티 하나 살짝 난 듯이 만 듯이 유유히
그림자 하나 남기지 않고 사라지는
놈에게 침을 뱉을 수는 없구나
고이 손을 들어 안녕이라고 헤어질 수밖에 없구나

Weak point, 약점弱點

  발에 염증이 생겨 X-ray를 찍고 사진을 들여다보자 낯선 구조물 튼튼한 골조 구조물이 드러난다
  발허리뼈 발가락뼈 발등 발볼 이름도 다 각각, 근육과 힘줄도 사이좋게 어깨를 맞대거나 다리를 엮어 하중을 받쳐주고 있다

  찾으려던 내 염증의 흔적은 보이지 않는다 발끝 발톱부터 조물조물 만져가며 찾아도 만져지질 않는다 발뒤꿈치 위 아킬레스건까지 올라가자 화살 생각이 났다 그 옛날 화살 맞은 자국이 있을지도 몰라 트로이 공주와 결혼했던 아킬레우스를 쓰러지게 했던 그 자리, 상처 난 자리도 찾을 수 없다

  내 몸 중에서 가장 힘이 세다는 힘줄 아킬레스 힘줄만 만져질 뿐이다
  자,근,자,근, 어쩌면 이것이 나의 몸을 움켜잡을지도 모른다고 하니 어지간하면 넘어가 달라는 듯이 자꾸 만져주었다

야단법석 野壇法席

참 부지런도 하다

여명이 밝으려면 한참인데
꾸역꾸역 모여들어 발 디딜 틈 하나 없다
불단 아래는 물론이고 들판을 가득 메우고
언덕배기까지 빽빽이 모여들었다

가을 하늘의 새털구름들 다 모여들었다
새털구름들의 낯빛이 은은하다

담 너머로 건너간
육조 혜능 대사의 야외 법회가 열린다는
소문은
이렇게 멀리 있는 내 귀에까지 들어왔다만

어디에서 먼지가 일어날까
하처야진애 何處惹塵埃
새털구름이 그대로 투명한 거울이다

오냐, 오너라!

　계사생癸巳生정월열나흗날자시子時에세상을밀고나왔다는나를보자마자박수무당이양팔로가슴을감싸안으며외롭고또외롭고외로워라!울부짖었다

　한 발 돋음
　두 발 돋음
　외롭다 쓸쓸하다가, 뭔 소리여!
　눈물, 콧물이 뭔 소리여?

　언월도를 휘두르며 몸을 곧추세워 앞으로 나아가며
　나붓나붓 춤을 추는 생명의 화신
　약사보살의 수호신, 뱀신장神將이다
　때론 독기를 품기도 하리라
　방울방울 맺히는 눈물방울을 공중에 흩뿌리기도 하리라

　나는 뱀의 해, 오밤중에
　세상 문을 열고 나왔다

　겁날 것이 없다

이영신의 시세계

대비적 속성을 아우르는 조화와 통일의 황금 열쇠

권온

이영신의 시세계

대비적 속성을 아우르는
조화와 통일의 황금 열쇠

권온

(문학평론가)

　이영신의 이번 시집에는 70여 편의 시가 수록되어 있다. 그곳은 동양과 서양이 공존하고, 자연과 인간이 어울리며, 죽음과 삶이 교차하는 시공時空이다. 어쩌면 거기는 낮과 밤이 악수하고, 이성과 감성이 섞이는 무대일 수 있다. 시인의 시 세계를 알아간다는 것은 우리를 둘러싼 세계와 우주를 파악하는 일인지도 모르겠다. 그런 까닭에 그의 시 세계를 대표할만한 시 9편을 골라서 독자들에게 소개할 수 있는 이 자리는 더없이 소중하다. 함께 보고 듣고 생각하며 즐겨야 할 시간이 다가왔다.

사복蛇卜네 집에 문상을 갔던 원효가 그의 어머니 영전 앞
에서 기도를 하자 말이 번거롭다고 주인이 꾸중을 했다 다시
서둘러 '죽고 사는 것이 괴롭구나' 맘 가는 대로 한마디 하고
나니 가만히 듣고 있었다 둘이서 상여를 매고 산 밑에 갔다
사복蛇卜이 기도를 마치고 나서 띠풀을 뽑자 그 안 땅속에 연
화장세계蓮華藏世界가 펼쳐졌다 눈 깜짝할 사이도 없이 홀어
머니와 아들로 살던 그 둘이 사라져버렸다 마치 뭐에 홀린 것
만 같았다 터덜터덜 혼자서 고선사高仙寺 절로 돌아오며 아무
리 생각해도 죽고 사는 일이 쉽지만은 않았다.

―「원효, 꾸중을 듣다」 전문

원효元曉와 사복蛇卜 그리고 돌아간 사복의 어머니에 관한 에피소드가 흥미진진하다. 어디까지가 사실이고 어디까지가 전설인지 구분하기 어렵다. '연꽃에서 태어난 세계' 또는 '연꽃 속에 담겨 있는 세계'라는 뜻의 "연화장세계蓮華藏世界"에 이르면 불교적 환상성은 심화된다. 이 시를 읽는 독자들에게 남는 전언은 아무래도 사복의 어머니를 향한 원효의 기도일 게다. '죽고 사는 것이 괴롭다는 것', '죽고 사는 일이 쉽지만은 않다는 것' 이영신은 이 시에서 1,400년 전이나 현재에나 인간이 태어나서 죽는 과정은 괴로울 수 있음을 알려준다.

모로코 카사블랑카 에스프레소 커피 한 잔에는
코발트 바다 빛 파도 소리가 섞여 있다

바다 빛을 그대로 닮은 하늘도 한 자락 들어 있다
카사블랑카 에스프레소 커피 한 잔에는
흑백영화 카사블랑카에 이별하는 연인의
눈물방울이 더해져서
달콤하면서 쌉싸름한 맛이라고 한다
―「카사블랑카 커피」전문

카사블랑카Casablanca는 아프리카 대륙 북부에 위치한 국가 모로코의 대서양 기슭에 있는 항구 도시이다. 시인이 여기에서 주목하는 대상은 '카사블랑카 커피'이다. 구체적으로는 다양한 커피 중에서도 '에스프레소 커피'이다. 이영신에게 카사블랑카 커피는 단순한 커피가 아니다. 카사블랑카 커피가 특별한 커피가 될 수 있는 이유는 거기에 특별한 요소들이 담겨 있기 때문이다. 그녀에 따르면 카사블랑카 에스프레소 커피에는 "코발트 바다 빛 파도 소리"와 "바다 빛을 그대로 닮은 하늘" 그리고 "흑백영화 카사블랑카에" 등장하는 "이별하는 연인의/ 눈물방울"이 들어있다. 영화 〈카사블랑카〉에 출연한 배우 잉그리드 버그만Ingrid Bergman의 눈물방울이 첨가되어서 카사블랑카 커피는 "달콤하면서 쌉싸름한 맛"을 얻게 된 것일까? 어쩌면 인생의 희로애락이 담긴 그 커피에는 가수 버티 히긴스Bertie Higgins의 노래 〈카사블랑카〉가 더해졌기 때문일지도 모르겠다.

벌교 여자만汝自灣에 따개비가

이리저리 쓸려 다니다가 어찌어찌

꼬막네 거친 집에 얹혀살게 되었다

눈도 없고 가진 것도 없지만

귀는 늘 열려 있다

비가 오면 둘이 함께 빗소리를

듣는가 하면

볕이 좋은 날엔 볕바라기도 함께 한다

한 치 앞이 보이지 않는 아득한 앞날

거센 파도에 휩쓸려 내동댕이쳐진다 해도

등을 맞대고 있으면 온기가 느껴지고

마음이 촉촉하게 젖어오곤 하였다.

―「셰어하우스」 전문

  이 시의 핵심은 "따개비"와 "꼬막"의 우정인가? 그럴 수도 있지만 그것만으로는 부족한 점이 있다. "벌교 여자만"과 "빗소리"와 "거센 파도"를 연결하면 풍성한 자연과 멋진 풍광이 떠오른다. 자연과 풍광과 생태生態를 반갑게 맞이하는 것만이 이 작품의 전부는 아니다. 여기에는 "거친 집에 얹혀살게 되었다"라는 진지하고도 심각한 우리 시대의 사회현실이 담겨 있다. "셰어하우스"라는 이 시의 제목이 가리키는 지점이 이때 등장한다. 셰어하우스share house는 가족이 아닌 사람들이 공간이나 시설 따위를 공동으로 사용하며 같이 사는 집을 의

미한다. 이제 이 시에 등장하는 따개비와 꼬막은 막막한 현대 사회를 헤쳐 나가는 셰어하우스의 거주민이 된다. 한 가지 희망적인 것은 이영신은 "한 치 앞이 보이지 않는 아득한 앞날"임에도 불구하고 "온기"와 "마음"을 포기하지 않는다는 점이다.

  겨우내 여러 차례 함박눈이 펑펑 내리더니
  언 땅이 풀리며 촉촉하게 기름져 보이네
  올 한 해엔 꽃구경 실컷 하리라 작정하고는
  이집 저집 모종을 얻어 보네

  그 누가 따먹게 될지 기약 없는 나날이지만
  돌배, 자두나무, 황매 가리지 않으려네
  꽃 질리도록 실컷 보고
  설혹, 열매라도 맺는다면 이집 저집 나눠 먹는
  재미도 쏠쏠할 것이네

  아, 상상만 하여도 꿈인 듯이 눈앞 가득 펼쳐지는
  꽃 세상!
  어찌 사람살이만 오묘하다 할 수
  있겠는가?
          ―「두자미杜子美, 꽃 천지」 전문

이영신의 이번 시집에서 눈에 띄는 점 중 하나는 '두자미' 연작과 무관하지 않다. 두자미杜子美는 중국 당나라 시대의 시인 두보杜甫를 가리키는 표현으로서 자미子美는 그의 자字이다. 인용한 시는 '두자미' 연작 9편 중 하나로서 '꽃'을 향한 탐색을 시도한다. 이영신은 '겨울 눈'과 대비되는 상징으로서 '봄 꽃'을 설정한다. 꽃을 열망하는 그녀의 포부는 1연 3행의 "꽃구경 실컷 하리라"와 2연 3행의 "꽃 질리도록 실컷 보고"에 풍성하게 담겨있다. 시인이 여기에서 펼치는 "상상" 또는 "꿈"의 세계는 "꽃 세상"으로 형상화된다. 그 세계 또는 세상은 "이집 저집"을 아우르고 꽃의 종류를 가리지 않는다. 이영신에 따르면 조화와 통일의 속성이 충만한 꽃 세상은 "사람살이"에 버금간다. 오묘함을 담은 꽃 세상은 이제 인간 세상이 될 수 있다.

> 그라나다 헤네랄리페 아름다운 정원에는
> 아직도 벌 받고 있는
> 사이프러스 나무가 서 있네
>
> 바람난 술탄의 아내를
> 묵묵히 바라보기만 하던 죄,
> 못 볼 것을 본 죄, 죄목으로 목이 잘려
> 아직도 수백 년 내내 벌 받고 서 있네

외간 남자의 붉은 피는 이미 정원의

물길 따라 흘러갔고

수치심을 안고 살아가던 왕비도

분노로 천지를 뒤흔들던 술탄도 떠나간 지

이미 오래전

한낱 물거품과도 같아라

질푸른 하늘 아래 뜬구름 한 점 스쳐 가노라

—「사이프러스 나무」 전문

    에스파냐España 또는 스페인Spain 역사에서 그라나다Granada 왕국은 특이한 위치를 차지한다. 안달루시아 지역에 위치하던 그라나다 왕국은 에스파냐에서 700년 넘게 지속된 이슬람 역사의 정점이자 몰락을 의미한다. 그라나다 왕국을 이야기할 때 빼놓을 수 없는 게 알람브라Alhambra 궁전과 헤네랄리페Generalife 정원 등이다. 이 시는 헤네랄리페 정원의 "사이프러스 나무"를 중점적으로 다룬다. 그 나무가 우리 눈길을 끄는 까닭은 "술탄의 아내"와 "외간 남자" 사이에 벌어졌다는 전설 같은 흥미로운 에피소드의 증거이기 때문이다. 시인은 독자에게 술탄도, 술탄의 아내도, 외간 남자도 모두 떠났음을 알려준다. "수백 년" 이상의 시간이 흐른 것이다. 다만 남은 것은 "질푸른 하늘 아래 뜬구름 한 점"과 "사이프러스 나무"이다. 역사는 끝없이 움직이고 자연은 거기에 그대로 남아있음을 알려주는 작품이 여기에 있다.

>살며시 다가와 바람인 듯이
>구름인 듯이 손잡아주길 원했어요
>고른 숨소리가 들리는 사람이
>사람이, 간절히 그리웠을 뿐이에요
>
>누르스름한 대기의 빛깔
>코끝에 다가와 간질이는 올리브 향
>귓가에 다가와 소곤대듯이 윙윙대는 벌
>
>오베르 벌판을 미친 듯이 헤매고 다니며
>내일이면 지고 말 그 꽃을 나의 영원한
>꽃으로 옮기고 싶었어요
>건듯하면 바람이 가져갈 사이프러스
>잎새의 모습을 화분에 심어놓듯이
>언뜻하면 사라질 그 하늘빛깔을
>그대에게 바치듯이 옮겨놓고 싶었어요.
>─「빈센트의 일기」 전문

시인은 이 시에 "빈센트의 일기"라는 제목을 달았는데 여기에서 "빈센트"는 누구인가? 아마도 전설적인 화가 빈센트 반 고흐Vincent van Gogh를 가리키는 표현일 테다. 이영신은 무슨 이유로 지금, 여기에서 빈센트 반 고흐를 소환하고 있는 것인가? 그녀가 작품에서 활용하는 서술어의 톤tone에 주목하고 싶다. 1연 2행 "원했어요", 1연 4행 "뿐이에요", 3연 3행 "싫었어요", 3연 7행 "싫었어요" 등을 보면 시인은 '~어(에)요'라는 여성적 톤을 활용하고 있다. 이영신이 빈센트에게 여성적 톤을 제공한 까닭은 어떤 절심함과 무관하지 않을 것 같다. 빈센트의 절실함은 "사람"을 향하는 동시에 "대기", "올리브 향", "별", "꽃", "사이프러스", "하늘빛깔" 등 자연을 지향한다. 이 시를 읽는 독자들이 빈센트에게 "고른 숨소리가 들리는 사람"이 되어주어야겠다.

  높고도 험한 길

  시퍼런 물결 만나면 건너지 못해

  한참을 주저앉는 길

  그 물결 가시밭길 진흙 수렁 헤맬 때

  솜털같이 포근한 가슴에 안겨

  그 산 문지기 포근한 품에 안겨

잃었던 고향집에 데려다주듯

그려보는 북망산 가는 길
　　　　　　　　　—「내 안의 북망산 길」 전문

　북망산北邙山은 무덤이 많은 곳이나 사람이 죽어서 묻히는 곳을 이르는 단어로서 중국의 베이망산에 무덤이 많았다는 데서 유래한다. 시인은 "내 안의 북망산 길"이라는 제목의 시를 쓰면서 자신의 죽음을 생각해 보았을 게다. 그녀는 죽음에 이르는 과정을 하나의 길로 이해한 것 같다. 그 길은 "높고도 험한" 길이고 "시퍼런 물결"을 만날 수 있는 길이며 "한참을 주저앉는 길"이기도 하다. 그 길은 또한 "진흙 수렁"이 있는 "가시밭길"일 수 있다. 다행스럽게도 이영신은 힘들고 험하며 두려운 '북망산 길'만을 제시하지는 않는다. 시인이 우리에게 안내하려는 죽음의 길은 "고향집"에 계신 어머니의 "포근한 가슴", "포근한 품" 같은 길일 수 있기 때문이다. 그녀가 희망하는 북망산 길은 품위 있고 존엄하게 생을 마감하는 일을 뜻하는 웰 다잉well-dying의 길일 수 있다.

　　라오스 방비엥에서 모셔온 부처님 앉음새가
　　너무도 편안해 보여서 그대로
　　따라 하느라

1. 왼쪽 다리를 오므리고
2. 오른쪽 다리를 곧추세우고
3. 무릎 위에 머리를 얹고

따라 해 놓고는
마음을 턱 내려놓자 하니

찌그락짜그락
속닥속닥
투욱투욱

내 안에 빌붙어 사는
조그만 게딱지 같은
것들이 다 들고일어나
시끄러워서 못 살겠네
벌떡 일어섰다

사대문 활짝 열어라
조주사문趙州四門 동문 서문 북문 남문 문 활짝 열어라

삼천대천세계 좁은 문지방에 발이 꼭 끼었다
　　　　　　　　　　　　　　—「적막강산」 전문

라오스Laos는 인도차이나반도에 위치한 대표적인 불교 국가이다. 시적 화자 '나'는 라오스의 방비엥을 방문했다가 "부처님"을 하나 모셔왔나 보다. '나'가 주목한 바는 부처님의 "앉음새"이다. '나'는 좌선坐禪과 관련될 수 있는 부처님의 앉음새가 "너무도 편안해 보여서" 그 편안함을 본받고자 부처님을 모시고 왔을 테다. '나'는 부처님의 앉음새를 외적인 행위로는 비슷하게 흉내 낼 수 있었다. 문제는 내적인 마음에 있었으니 "내 안에 빌붙어 사는/ 조그만 게딱지 같은/ 것들이" 가만히 있지를 않았다. 시끄럽게 굴며 못살게 구니 '나'는 "벌떡 일어"서고 말았다. 시인이 이 시에서 독자들에게 전하려는 메시지는 "좁은 문지방에" 낀 "발"의 상황을 벗어나는 일과 관련된다. 이영신은 여기에서 작고 편협하며 옹졸한 자신을 버리고 "사대문"을 열고, "조주사문"을 또 열고, "삼천대천세계三千大千世界"를 향해 나아갈 것을 제안한다. 그것은 "적막강산寂寞江山"을 극복할 수 있는 길일 수도 있다.

    보석사 문지방을 넘어서니
    입을 크게 벌린 아금강상阿金剛像
    입을 굳게 다문 음금강상吽金剛像
    둘이서 나를 맞이한다

    입을 벌리고 있는 문 지킴이는
    내가 세상에 올 때 울던 모습이고

입을 굳게 다물고 있는 문 지킴이는
세상 문을 닫고 나갈 때의 모습이란다

기왕에 들어섰으니
빨갛게 익은 딸기도 따 먹어보고
아슬아슬 낭떠러지 길도 걸어 보라는구나
한번 건너면 되돌아오기 힘든
시간의 외줄 다리도 출렁출렁 건너보라는구나

보석사 문지방을 넘어 들어서니
내 속까지 꿰뚫은
아금강상 음금강상 둘이서 나를 맞이한다.

― 「자화상」 전문

  이 시는 앞에서 살핀 2편의 시 곧 「적막강산」과 「내 안의 북망산 길」과 연결하여 논의할 수 있는 작품이다. 곧 이번 시에는 '불교'와 '죽음'이라는 두 가지 주제가 잠재되어 있다. 「자화상」은 '불교'라는 이름의 렌즈로 '죽음'이라는 이름의 주제를 정밀하게 탐색한다. 그리고 여기에는 '삶'이라는 이름이 덧붙여진다. 3연은 '삶'에서 우리가 지녀야 할 태도를 구체적으로 보여준다는 점에서 유의미하다. "빨갛게 익은 딸기도 따 먹어보고/ 아슬아슬 낭떠러지 길도 걸어 보라는" 시인의 제안은 그럴듯하다. "내 속까지 꿰뚫은/ 아금강상 음금강상"을 만

난 일은 이영신의 기꺼운 행운인 동시에 독자들의 다시없을 행운일 테다. 우리들 자신의 자화상을 다시 그려 볼 시간이 되었다.

　이영신의 새 시집을 더불어 나눌 수 있었다. 9편의 시로 재구성한 시인의 시 세계는 넓고도 깊었다. 「원효, 꾸중을 듣다」와 「자화상」을 읽은 독자들은 죽음과 삶을 그리고 불교에서 발원하는 한국 또는 동양을 천착할 수 있을 테다. 「두자미 杜子美, 꽃 천지」는 자연과 인간을 아우르면서 중국 또는 동양을 형상화하였다. 이영신의 시는 한국적인 또는 동양적인 세계에만 집중하지는 않는다. 「카사블랑카 커피」, 「사이프러스 나무」, 「빈센트의 일기」 등은 서구적인 세계의 주요 스토리를 관통한다는 점에서 유의미하다. 독자들은 또한 「셰어하우스」와 「적막강산」을 읽으며 '나'와 '우리'와 '사회'가 확산되고 소통할 수 있다는 어떤 가능성을 발견하였다.

　「내 안의 북망산 길」에서 이영신은 "포근한 가슴" 또는 "포근한 품" 같은 죽음의 길을 희망하였다. 이것은 마치 영국 시인 존 밀턴의 언급 곧 "죽음은 영원의 궁전을 여는 황금 열쇠이다.(Death is the golden key that opens the palace of eternity.)"를 연상시킨다. 시인은 죽음을 두려워하지 않고 삶의 매 순간 최선을 다하는 우리가 될 수 있기를 바랄 테다. 작고 소박한 일상에서 기쁨을 누리고, 자연과 조화를 이루는 인간의 삶을 온전히 긍정하는 감각을 기르고 싶다면 이영신의 시를 반복해서 읽어야겠다. 이제 다시 시작이다.

| 이영신 |

충남 금산에서 태어났다. 덕성여대 도서관학과를 졸업했고, 성균관대 대학원에서 유교경전·한국사상을 전공했다. 1991년 『현대시』로 등단하였으며, 시집으로 『망미리에서』 『죽청리 흰 염소』 『부처님 소나무』 『천장지구』 『저 별들의 시집』 『오방색, 주역 시』가 있다. 2009년 한국시문학상을 수상했다. 현재 '향가시회' 동인으로 활동 중이다.

이메일 : forest1888@hanmail.net

시간의 만화경 ⓒ 이영신

초판 인쇄 · 2021년 5월 24일
초판 발행 · 2021년 5월 27일

지은이 · 이영신
펴낸이 · 이선희
펴낸곳 · 한국문연

서울 서대문구 증가로 31길 39, 202호
출판등록 1988년 3월 3일 제3-188호
대표전화 302-2717 | 팩스 · 6442-6053
디지털 현대시 www.koreapoem.co.kr
이메일 koreapoem@hanmail.net

ISBN 978-89-6104-284-0 03810

값 10,000원

* 잘못된 책은 바꾸어 드립니다.